Schon in frühen Zeiten war das Leben des Menschen beschwerlich und voller Gefahren. Unwetter, wilde Tiere und feindliche Horden bedrohten ihn. Vor Regen, Kälte, Schnee und Sturm lernte er sich bald zu schützen, indem er Höhlen aufsuchte oder später Hütten und feste Häuser baute. Was aber tat er gegen die räuberischen Feinde? Er begann sich zu verschanzen, errichtete Wälle und Palisaden, später Anlagen aus Stein. Immer höher wurden seine Bauten, immer stärker und fester. Eine von ihnen war die Burg.

Christiane Bimberg

Burgen stolz und kühn

Thomas Binder

Stolz und kühn überragten einst die Burgen Wälder, Flüsse und Städte oder zogen im Flachland den Blick auf sich. Auf Wanderungen seid Ihr diesen jahrhundertealten Bauwerken gewiß schon oft begegnet und habt Euch gefragt, was es mit ihnen wohl auf sich hat. Und wer von Euch hätte nicht schon einmal bei der Besichtigung einer Burg den Wunsch verspürt, als Ritter oder Edelfräulein inmitten ihrer damaligen Bewohner zu leben? Hinter den dicken Gemäuern spielte sich das Leben wie in einer kleinen Stadt ab...

Um den Feind schon von weitem sehen und sich gut verteidigen zu können, errichtete man sie auf Bergkuppen oder hohen Felsen, an Talgabelungen oder dort, wo zwei Ströme zusammenfließen. Diese Art nennt man Höhen- bzw. Niederungsburgen. Viele von ihnen sind auch ganz von Seen, Sümpfen oder Flüssen eingeschlossen. Es sind Wasserburgen. Immer aber waren sie so angelegt, daß Angreifer, wenn überhaupt, nur höchst mühselig an sie herankamen und dann vor kaum überwindbaren Mauern, Gräben und Wällen standen.

Altberliner Verlag

Bereits die Burgen der alten Griechen, Römer und Germanen boten vielen Menschen Schutz in Zeiten der Not. Wie erfinderisch die Römer im Bau solcher Anlagen waren, davon zeugen noch heute zahlreiche Bauwerke. Vor ungefähr tausend Jahren entstanden schließlich die mittelalterlichen Burgen. Nahezu über ganz Europa waren sie verbreitet. Allein in dem weiten Gebiet, wo damals Deutsch gesprochen wurde, hat es etwa acht- bis zehntausend gegeben. Man kann sich vorstellen, was für Gesteinsmassen die Menschen mit einfachen Geräten unter enormem Kraftaufwand bewegen mußten, um sie zu errichten. Dicke und hohe Mauern mit schmalen Lichtschlitzen brauchte es, um vor feindlichen Geschossen sicher zu sein. Die Bauleute mußten sehr erfahren sein, damit die tragenden Mauern und die Lasten der Decken und Gewölbe im richtigen Verhältnis standen. Auch Burgen spiegeln den Wandel der Baustile von der Romanik zur Gotik wider.

Rundling (eine Volksburg)

Ursprungsform der Burg ist die Motte mit Graben, Wall, Schutzzaun und erhöhtem Standpunkt.

der Palisadenzaun

der Wachtturm

der Wall

Der Limes war ein Schutzwall der Römer gegen die Germanen.

der Hindernisgraben

Dabei entwickelten sich in den einzelnen Ländern allmählich charakteristische Bauformen. In Spanien, wo der Einfluß der Franzosen und Araber stark spürbar war, baute man das Kastell mit doppelten Mauern und zumeist runden Ecktürmen. In Italien bewohnten verschiedene Familiengeschlechter eigene Türme. Die Normannen hinterließen in England Burgen mit einem freistehenden rechteckigen Turm, dem Keep. Diese Art war auch in Frankreich üblich. Man nannte sie Donjon.

Manches, was man da ausprobierte, setzte sich später auch andernorts durch. Teilnehmer der Kreuzzüge brachten zum Beispiel im elften, zwölften und dreizehnten Jahrhundert aus dem Orient Kenntnisse über den Bau des Zwingers mit, das heißt eines Umgangs zwischen der äußeren und der inneren Ringmauer der Burg, der die Verteidigungsfähigkeit erhöhte. So erhielten die Burgen trotz aller ihnen gemeinsamen Merkmale allmählich ein ganz eigenes Aussehen.

Das normannische Schloß Newcastle on Tyne (England 1080)

Castel del Monte, nach arabischem Vorbild (Italien um 1240)

Die blockhafte Hauptburg (Donjon) von Tarascon (Frankreich 12. bis 15. Jh.)

Hafenturm von Belém (Portugal 1515 bis 1521)

Als Bauplatz bevorzugte man Stellen, die sich für die Verteidigung des umliegenden Landes, von Handelswegen, Wasserstraßen oder Grenzen, besonders gut eigneten. Die natürlichen Gegebenheiten spielten dabei eine große Rolle. Die Burg durfte nach Möglichkeit nur eine Angriffsseite haben und der Zugang lediglich Platz für einen Reiter lassen. Die Wege legte man so an, daß mögliche Angreifer mit dem Waffenarm zur Burg gewandt ritten und deshalb ohne Deckung blieben.

War der Felsen nicht steil genug, meißelte man Gestein ab. Am Anfang bestimmte allein die Notwendigkeit der Verteidigung die Bauweise. Auf den Mauern erhoben sich die Zinnen, die zusammen mit der Plattform den Wehrgang bildeten. Schießscharten erhöhten die Sicherheit der Schützen. Durch Gußerker oder Gußlöcher schüttete man Pech, Schwefel oder siedendes Wasser auf den Feind. Erst später dachte man daran, es sich wohnlicher zu machen.

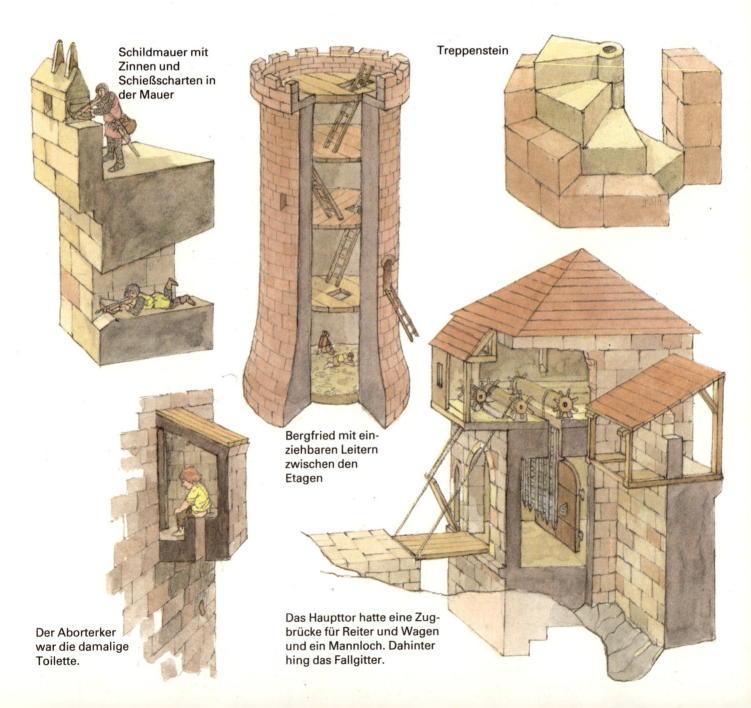

Schildmauer mit Zinnen und Schießscharten in der Mauer

Treppenstein

Bergfried mit einziehbaren Leitern zwischen den Etagen

Der Aborterker war die damalige Toilette.

Das Haupttor hatte eine Zugbrücke für Reiter und Wagen und ein Mannloch. Dahinter hing das Fallgitter.

Bei den Türmen, die vom Burginnern aus über Wendeltreppen erreichbar waren, setzte sich allmählich die Rundform durch. Sie bot einen besseren Schutz als die viereckige Form. Letzte Zufluchtsstätte der Bewohner während einer Belagerung war der mehrgeschossige Bergfried. Meist wurde er auf Naturstein errichtet. Sein Eingang lag hoch über dem Erdboden. Das unterste Geschoß diente als Burgverließ, weiter oben befanden sich Wohnräume und Vorratskammern.

Stand der Bauplatz fest, stellte der Werkmeister die erforderlichen Handwerker ein. Holz, Steine, Sand, Eisenwaren und Werkzeuge wurden auf Karren und Wagen zur Baustelle geschafft. Mitunter waren mehrere tausend Arbeitskräfte am Bau beteiligt – Gräber, Träger, Steinmetzen, Mörtelmacher, Maurer, Zimmerleute, Schmiede und Klempner. Als Hilfsmittel zur Erleichterung der Arbeit benutzte man damals schon Gerüste mit Holzbrücken, Rollen, Winden und Flaschenzügen.

Die Steinhauer

Die Zimmerleute

der Holzbohrer

die Zimmermannsaxt

das Scharriereisen

der Steinmetzhammer

der Keil

einfacher Kran

Der Steinmetz

Betrachtet man die verwirrende Vielfalt der Mauern, Türme, Treppen und Kammern etwas näher, ist man erstaunt, wie klug und weitsichtig alles zur Verteidigung angelegt war. Am Anfang schützte man sich durch Mauer und Turm. Bald aber dehnten sich die Bauten aus und bezogen mitunter die ganze Stadt ein. Wälle, Verhaue und Barrieren aus Holz und Stein wechselten einander ab, um den Zugang zur Burg zu erschweren. Tortürme befestigten die Tore und bildeten häufig sogar eine Art kleine Burgen vor der Hauptburg. Eine Zugbrücke überspannte den Graben am Burgzugang und zuweilen auch den Raum zwischen den einzelnen Abschnitten der Burg. Sie führte zum Tor, das zusätzlich mit einem Fallgitter gesichert war. Die Brücke selbst konnte an Stricken oder Ketten hinaufgezogen oder herabgelassen werden. Drohte eine Belagerung, hatten sich die Burgbewohner gegen eine Vielzahl gefährlicher Angriffsmöglichkeiten zu rüsten.

Armbrustschütze mit Pfeilköcher

Beim Andrücken gibt der Abzugsbügel die drehbare Nuß frei, und das gespannte Seil kann abschnellen.

die Nuß
die Feder
der Abzugsbügel

Mehrere Knappen mußten dem Ritter die Rüstung anlegen und ihn auf sein Streitroß heben, denn in der schweren Rüstung konnte er sich kaum bewegen.

Mit einer Winde wird die Armbrust gespannt (englische Winde)

Katapultmaschinen, wie Balliste oder Mange, schleuderten Pfeile, Steinkugeln oder Bienenstöcke ins Burginnere. Unter dem Schutze eines Gerüstes machten sich Mineure daran, die Außenmauer zu untergraben. Mit besonderen Angriffsbauten versuchte man, Mauern oder Tore zu rammen. Diese Maschinen hatten recht lustige Namen wie Widder, Katze, Mäuschen oder Sau, weil sie jenen Tieren etwas ähnlich sahen. Auf fahrbaren Holztürmen näherte man sich der Mauer.

Von ganz oben schossen die Schützen Brandpfeile in die Burg. Die Verteidiger hatten alle Hände voll zu tun, genügend Wasser herbeizuschaffen, um das Feuer zu löschen, das sich in den hölzernen Bauten rasch ausbreitete. Gelang es dem Feind, auf die Mauer hinüberzuklettern, begann das Handgemenge. Die Belagerten versuchten, die gegnerischen Sturmleitern abzuwehren. Hatten die Angreifer erst einmal die Tore überwunden, war ihnen nur noch schwer Einhalt zu gebieten.

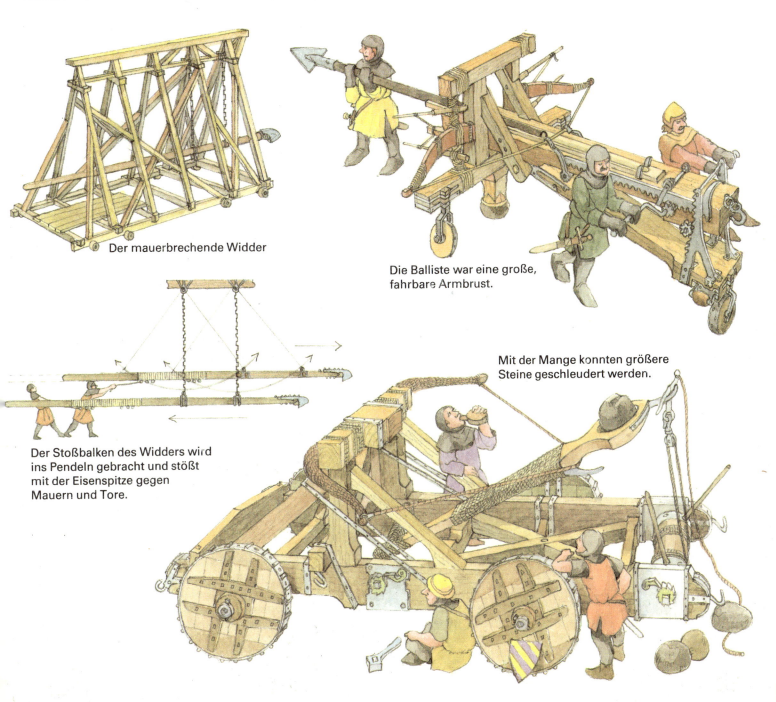

Der mauerbrechende Widder

Die Balliste war eine große, fahrbare Armbrust.

Der Stoßbalken des Widders wird ins Pendeln gebracht und stößt mit der Eisenspitze gegen Mauern und Tore.

Mit der Mange konnten größere Steine geschleudert werden.

Auf der Burg lebte die Familie des Burgherrn mit der Dienerschaft und dem Gesinde. Ein Lehnsherr – ein König oder Landesfürst zum Beispiel – verlieh die Burg zusammen mit den umliegenden Dörfern als Wohnsitz an einen adligen Untertanen. Das gesamte Gebiet nannte man Lehen. Der Burgherr oder Vasall hatte dafür die Burg gegen Angriffe feindlicher Feudalherren zu schützen. Für alle diese Zwecke war die Burg in besonderer Weise eingerichtet. Ställe, Scheunen, Vorratskammern und Keller boten Platz für Vieh und Lebensmittel, die die Bauern aus der Umgebung liefern mußten. Brunnen oder Zisternen versorgten die Bewohner mit Trinkwasser. Auf den größten Burgen kümmerten sich zahlreiche Diener um das Wohl der Herrschaft. Der Oberkoch befehligte mehrere Köche, Gehilfen und Küchenjungen. Zum Süßen gebrauchte man damals übrigens vornehmlich Honig. Der Truchseß überwachte die Zubereitung der Speisen und die

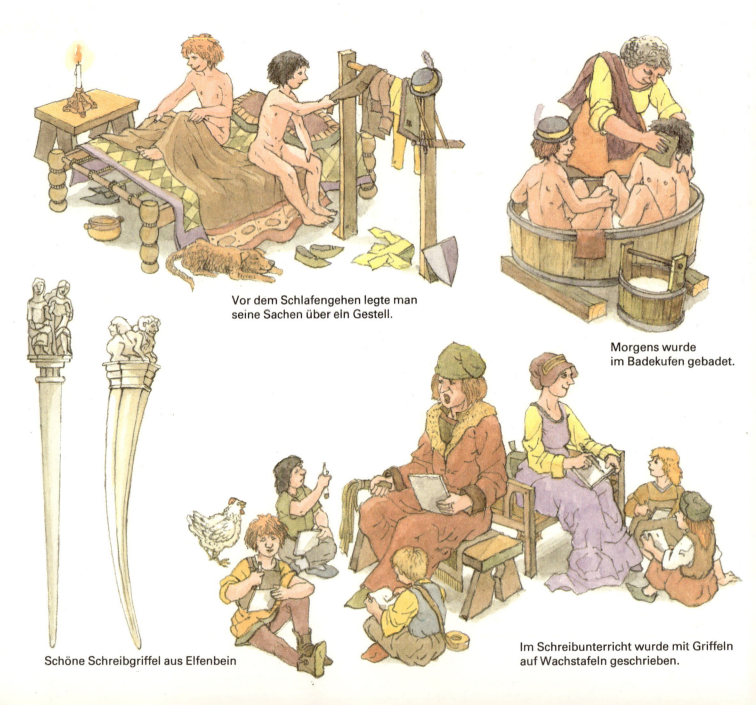

Vor dem Schlafengehen legte man seine Sachen über ein Gestell.

Morgens wurde im Badekufen gebadet.

Schöne Schreibgriffel aus Elfenbein

Im Schreibunterricht wurde mit Griffeln auf Wachstafeln geschrieben.

Tafelzeremonie. Der Mundschenk stand dem Weinkeller vor und der Marschall dem Pferdestall.
Der Kämmerer verwahrte die Schätze und kostbaren Stoffe. Das Waschen und Spinnen besorgten Waschfrauen und Mägde. Das Sticken hingegen zählte zu den edleren Beschäftigungen. Bei fast allen Tätigkeiten der Erwachsenen waren auch die Kinder der Adelsfamilie zu finden. Früh übten sich die Mädchen bei einer Meisterin in der Hauswirtschaft, die Jungen bei Hof- und Fechtmeistern in Kampf- und Reiterspielen für ihre späteren Aufgaben. Oftmals schickte man sie zur Vervollkommnung ihrer Bildung und ihrer Umgangsformen an eine andere Burg, mitunter auch gleich auf die Nachbarburg. Als vornehmer Zeitvertreib galt die Jagd nach überlieferten Regeln. Abwechslung boten außerdem Reisen zu Fuß, zu Pferd oder in der Sänfte, die jedoch bei den schlechten, unsicheren Wegen viele Gefahren und Strapazen mit sich brachten.

Ausritt zur Falkenjagd. Manchmal war auch der Spaßmacher dabei.

Das Turnierpuppenspiel

Edelfrauen beim Sticken

Trotz gewisser Annehmlichkeiten war der Alltag auf einer Burg keineswegs bequem. Es herrschte große Enge. Kälte und Zugwind drangen in alle Räume, weil die Fensteröffnungen nur unzulänglich mit Läden verschlossen werden konnten. Kein Wunder also, wenn sich groß und klein auf die wärmere Jahreszeit mit Spielen und Vergnügungen im Freien freute. Feste zu besonderen Anlässen, wie Hochzeit, Kindtaufe, Schwertleihe (die Verleihung der Ritterwürde), Krönung oder Begräbnis, unterbrachen die Eintönigkeit. Gäste aus nah und fern brachten langersehnte Neuigkeiten mit. Schon Wochen und Monate vorher traf man auf den großen Burgen Vorbereitungen zum Fest. Vieh wurde herbeigeschafft, die Festgewänder in Auftrag gegeben, Geschenke für die Gäste besorgt und das Silbergeschirr poliert. Boten überbrachten die Einladungen. Damals wie heute war das Festmahl willkommener Anlaß, sich in den schönsten Kleidern zu zeigen.

Die Tänzer folgten dem Vortänzer mit der Fiedel in ganz bestimmten Tanzbewegungen.

Fahrende Sänger, Puppenspieler und Gaukler

Schach wurde auch im Garten gespielt.

Je mehr Dörfer zum Lehen gehörten, desto reicher und mächtiger war ein Burgherr. Er konnte sich mehr Annehmlichkeiten, Gewänder, Schmuck und rauschende Feste leisten. Riesige Schnabelschuhe, tütenähnliche Hennins, Glöckchen und Schellen, unförmige Hängeärmel und Mi-parti (Kleider in zwei grellen Farben) waren da zu sehen.

Ein solcher Hof zog viele begabte Künstler an. Die schönsten Werke der mittelalterlichen Dichtung und des Minnesangs fanden hier ein kunstliebendes Publikum.

Aber auch auf gute Umgangsformen wurde geachtet. Die Ritter übten den Minnedienst – sie huldigten dem Ideal der „hohen Frau". Zu später Stunde freilich ging es ausgelassen zu. Die Krönung des Festes bildete das Turnier, ein ritterlicher Wettstreit zu Pferd und zu Fuß, der nach strengen Regeln auf einem abgezäunten Platz in oder vor der Burg stattfand. Manchmal wurde

Die Kemenate diente als Schlaf-, Kinder- und Arbeitszimmer. Die Kleider wurden in Truhen aufbewahrt.

Die Familie des Burgherrn stand beim Gottesdienst auf der Galerie. Unten war das Gesinde versammelt.

durch den Ehrgeiz eines Ritters aus dem Spiel blutiger Ernst, wie uns Chroniken dieser Zeit berichten.
An die fünf Jahrhunderte lang dauerte die Macht der Ritter. Ihrer Blütezeit folgte eine Entwicklung, die die Burgen allmählich überflüssig machte. In erbitterten Fehden bekämpften sich die Ritter untereinander, aber auch Adel und Städter stritten mit großen Heeren gegeneinander. Der neuen Waffentechnik, den Feuerwaffen und dem Sprengpulver, konnte keine Burg auf Dauer widerstehen. Die immer stärkere Ausbeutung der Bauern, die die Lehen wirtschaftlich versorgten, führte in ganz Europa zu großen Bauernaufständen. Auch in diesen Kämpfen wurden viele der verhaßten Zwingburgen zerstört. Die Ritter verarmten unter den neuen Verhältnissen zusehends, was am Ende sogar zum Raubrittertum führte. Aufwärts ging die Entwicklung hingegen in den Städten, wo der Aufschwung von Handwerk und Handel Reichtum mit sich brachte.

Ein Bauer mit seiner Familie bei der Abgabe von Naturalien

Der Bundschuh, der einfache Schuh der Bauern, wurde zum Wahrzeichen der aufständischen Bauern.

der Morgenstern

der Kettenmorgenstern

der Kriegsflegel

Bewaffnete Bauern mit der Bundschuhfahne

Städte entstanden oft aus Siedlungen im Schutze von Burgen. Zu ihrer Sicherung wurden neue gewaltige Befestigungen errichtet. Reiche Bürger kauften sogar Burgen in der nahen Umgebung auf, um so auch ihr Umfeld zu schützen. Vereinzelt entstanden zwar noch neue Burgen, hauptsächlich aber baute man nun Festungen. Ein geringer Teil der noch erhaltenen Burgen wurde zu Wohnschlössern umgestaltet, die meisten jedoch verfielen. Erst vor etwa zweihundert Jahren entdeckte man die Schönheit der Burgen und begann mit ihrer Wiederherstellung. Heute beherbergen viele von ihnen Museen, Galerien, Restaurants oder Jugendherbergen. Aber auch der Anblick einer Ruine kann reizvoll sein. Viele Märchen und Volkslieder erinnern uns an die Vergangenheit der Burg.

Ihre Dächer sind verfallen,
und der Wind pfeift durch die Hallen,
Wolken ziehen drüber hin.

Diebe und Betrüger wurden am Pranger zur Schau gestellt.

Kaufmann am Zähltisch

Auf dem Markt verkauften Händler und Handwerker ihre Waren.